AF339639

LE 25 MAI

A L'AVENUE D'ITALIE

PARIS . -- IMP. SIMON RAÇON ET COMP., RUE D'ERFURTH, 1.

LE 25 MAI

A L'AVENUE D'ITALIE

PAR

M. L'ABBÉ LESMAYOUX

Extrait du CORRESPONDANT

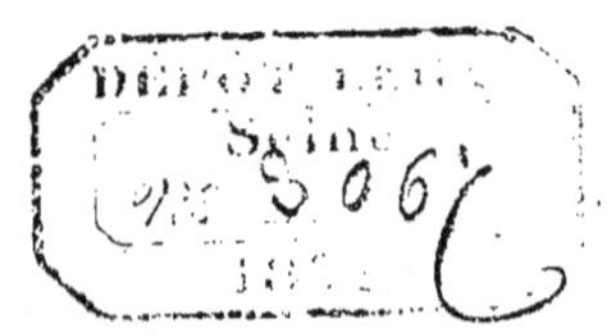

PARIS

CHARLES DOUNIOL ET Cᴵᴱ, LIBRAIRES-ÉDITEURS

29, RUE DE TOURNON, 29

1871

LE 25 MAI A L'AVENUE D'ITALIE

La révolution vient d'écrire, en lettres de feu et de sang, un drame qui sera une honte pour Paris et pour la France. Chacun de nous voudrait pouvoir arracher cette page de nos annales. Mais que les monstres qui ont incendié nos monuments et sacrifié à leur fureur tant de têtes innocentes portent devant la postérité la responsabilité de leurs crimes. La justice et la morale publique l'exigent. Il importe donc que les témoins de ces forfaits recueillent leurs souvenirs et nous disent ce qu'ils ont vu. Leurs récits seront plus tard les matériaux de l'histoire. Il le faut aussi pour honorer et venger les victimes. La plupart de ces victimes sont tout à la fois martyrs de l'Église et martyrs de l'ordre social. La société et l'Église leur doivent même respect, même reconnaissance.

Telles sont les considérations qui me décident à entreprendre ce court travail. Mêlé à un des principaux actes de ce drame sanglant, je ne puis parler que comme témoin et comme victime. Je dois donc me mettre moi-même en cause. Les lecteurs du *Correspondant* voudront bien me le permettre. Ce qu'ils me demanderont avant tout, ce sont sans doute les garanties ordinaires d'impartialité. Je crois pouvoir les leur offrir. Je n'éprouve ni haine ni rancune contre personne, je ne condamne que le crime, et d'autre part, je trouve en moi assez de calme pour ne dire que l'exacte vérité. En peu de mots je ferai connaître les hommes et je rappellerai les événements qui ont préparé et marqué de leur sceau le 25 mai dans le XIIIe arrondissement, pour faire ressortir avec plus d'évidence l'objet principal de mon récit. Mais en cela je n'ai pas à craindre de dire des choses déjà trop connues. Chassée de tous les autres arrondissements de la rive gauche, l'insurrection fut cernée par l'armée française, le 25 mai, dans les quartiers de la Maison-Blanche et de la Gare, et sa défaite sur ce point n'a pas encore été racontée.

I

Le XIIIᵉ arrondissement a été, après comme avant le 18 mars, un des plus calmes de la capitale. Comment est-il devenu en un jour le théâtre d'un de ces crimes qui font époque dans la vie de tout un peuple ? Hommes et choses semblent avoir également concouru à amener ce résultat. La population de cet arrondissement, presque exclusivement ouvrière, ne compte pas dans ses rangs assez d'hommes influents pour la diriger en temps de crise, ou bien, si elle en compte quelques-uns, égarée depuis longtemps par les folles théories du socialisme, elle n'a vu en eux que des amis suspects ou des ennemis. Généralement honnête néanmoins et soutenue à l'origine de la révolution par le 42ᵉ bataillon qui ne renfermait guère que des hommes d'ordre, elle n'eût pas, il y a huit mois, laissé commettre sous ses yeux les crimes qui viennent d'épouvanter le monde. Que lui fallait-il donc pour s'éviter cette honte ? Des magistrats intelligents, habiles et courageux : en un mot, des magistrats capables d'encourager les bons et d'intimider les méchants. Or les hommes du 4 septembre nous donnèrent pour maire un petit épicier, le sieur Passedouet, connu seulement dans les clubs où il s'était fait remarquer par la violence de son langage. Il est vrai qu'il avait encouru, dans les derniers temps de l'empire, plusieurs condamnations se résumant en dix-huit mois de prison pour affaires politiques, et nous savons tous ce que valaient alors ces sortes de condamnations auprès de nos gouvernants. C'est ce même Passedouet qui accusait dernièrement l'armée française d'avoir incendié les entrepôts de la Villette.

Le sieur Passedouet entra à la mairie non pour administrer les intérêts de tous, mais pour organiser la révolution sociale. Il s'entoura dans ce but d'un comité de conspirateurs, tous membres ou partisans déclarés de l'Internationale. Nous y voyons figurer en première ligne :

Léo Meillet, vieil étudiant qui avait déserté les cours pour les sociétés secrètes et s'était formé à l'éloquence dans les réunions publiques. Le parti révolutionnaire l'avait pris à ses gages et nommé orateur des clubs du XIIIᵉ arrondissement.

Jules Gaston Buffier (qui signe Nostag), failli et banqueroutier, représentant officiel de l'Internationale, celui-là même qui, sous le régime de la Commune, affichait sur papier blanc dans tout le quartier : « La France est morte, vive l'humanité ! »

Le ciseleur et fondeur en fer Duval.

Le chaudronnier Chardon, tous deux condamnés politiques.

Le corroyeur Cerisier, homme brutal, perdu de mœurs, trois fois condamné à mort et jamais exécuté. En retour il fera exécuter ses prisonniers sans les condamner.

Ces citoyens ne croyaient, disaient-ils, « ni à Dieu ni à diable, » et se donnaient la mission de refaire le monde à leur image. C'étaient nos futurs tyrans. Une concierge, que je puis appeler la protectrice de Léo Meillet, était leur Égérie, et les réunissait dans son arrière-loge. C'est là qu'ont été ourdis leurs sinistres complots.

Aux élections de novembre, Meillet fut nommé adjoint et se consacra exclusivement à organiser la garde nationale. Son bataillon préféré, une sorte de personnification de ses principes, fut ce 101ᵉ devenu si célèbre par ses crimes. Ce fut ce bataillon qui pilla les couvents et profana l'église d'Issy. Ce fut encore lui qui tira sur l'Hôtel de Ville le 22 janvier. C'est lui, enfin, qui a massacré les Pères dominicains.

Le Comité central de la fédération trouva l'œuvre du citoyen Meillet si bien réussie que, même avant le 18 mars, il improvisa général le chaudronnier Duval pour commander ses milices. Seul, le 42ᵉ bataillon repoussait ces mesures révolutionnaires. Mis en suspicion et poursuivis de menaces, la plupart des gardes qui le composaient se sauvèrent en province. Nous nous trouvâmes ainsi sans défense entre les mains des ennemis de l'ordre. Le mouvement du 18 mars se fit ici sans secousse. Mais, dès ce jour, les honnêtes gens furent tellement pris de terreur qu'il devint évident qu'au moment de la lutte nos tyrans pourraient impunément se livrer à tous les crimes.

Duval fut pris et fusillé à Châtillon. A qui donner sa succession ? Meillet et Chardon, nommés membres de la Commune, ne renonçaient pas à la direction de leurs milices, mais ils trouvaient plus commode et moins dangereux de ne l'exercer que du haut de leur Olympe de l'Hôtel de Ville, et ils nommèrent pour commander les troupes divers subalternes parmi lesquels nous retrouvons, avec le titre de colonel, le corroyeur Cerisier.

Autre point à noter. Dans les divers engagements auxquels elles prirent part, les compagnies de marche avaient perdu une grande partie de leur effectif. Où prendre de nouvelles recrues ? On appela sans doute des échappés de prison ou de bagne. Nous pouvons affirmer que plusieurs étaient étrangers au quartier. Nous les avons vus, et personne ne les connaissait. Leurs paroles et leurs gestes ne disaient qu'une chose : la haine de la société et de la morale. C'étaient des soldats disciplinés pour le crime. Nous allons les voir à l'œuvre.

II

Le 24 mai, les fédérés étaient déjà repoussés, sur la rive gauche, jusqu'au XIIIᵉ arrondissement, et tout faisait prévoir une action décisive pour le lendemain. Le corps du général de Cissey avait porté sa gauche jusqu'au Jardin des plantes, établi son centre au faubourg Saint-Jacques et sa droite à la Glacière, d'où, par un mouvement tournant, il pouvait couper la retraite aux bataillons qui occupaient Ivry et Bicêtre. Ces bataillons virent le danger, et le 25, de grand matin, ils rentraient dans Paris. Le 101ᵉ bataillon, qui occupait le fort de Bicêtre, y retenait prisonniers, depuis le 19, les Pères d'Arcueil et le personnel de leur maison. Que faire de ces prisonniers? Pour ne pas les effrayer, on leur dit : « Vous êtes libres, seulement nous ne pouvons pas vous laisser entre les mains des Versaillais; il faut nous suivre à la mairie des Gobelins; ensuite vous irez dans Paris où bon vous semblera [1]. » En réalité, la Commune avait décidé autrement de leur sort. Leur école était vouée au pillage et à l'incendie, et leurs personnes étaient attribuées, comme une vile marchandise, au 101ᵉ bataillon et à Cerisier, qui en disposeraient selon leur bon plaisir.

La route d'Italie, voie large et commode, mène en ligne directe de Bicêtre à la mairie des Gobelins, mais il y tombait déjà quelques balles et les fédérés ne voulaient pas s'exposer. Ils prirent donc sur la droite pour entrer par la porte d'Ivry. Comme ils arrivaient près du cimetière dit *Champ-des-Navets*, des soldats réguliers, postés dans les maisons ou les fermes situées sur les hauteurs de Villejuif, leur tirèrent quelques coups. La panique se mit dans leurs rangs, et il s'ensuivit une débandade. Un des prisonniers, le R. P. Rousselin, n'obéit pas au mouvement général de panique, et se trouva bientôt seul au milieu d'un champ. Le jour même, il rentrait à Arcueil, où il retrouva l'école pillée, mais encore debout, parce que le temps avait manqué aux hommes de la Commune pour l'incendier.

Les autres prisonniers poursuivirent leur marche au milieu des malédictions de leurs bourreaux rendus furieux par cet incident et par la honte d'une telle fuite. De son côté, la foule qui les suivait faisait entendre à tout instant des menaces de mort. Les femmes se montraient plus furieuses que les hommes. La marche fut lente à travers les barricades dont le quartier était couvert. Chacun put ainsi insulter les prisonniers tout à son aise. Le lugubre cortége arriva à la mairie vers neuf heures et demie. On fit stationner quelques instants dans la cour les dominicains, comme pour leur donner un avant-goût de la mort qu'on leur réservait, car le 101ᵉ ne voulait pas lâcher sa proie. Battu en toute rencontre par l'armée française, il lui fallait des victimes.

Un réfractaire venait d'être pris. Il fut fusillé sur-le-champ, et son cadavre porté sous les yeux des dominicains, « afin de montrer à ces *canailles* comment la Commune traite ses ennemis. » Enfin ces infortunés furent conduits, vers les dix heures, à la prison du 9ᵉ secteur, avenue d'Italie, 38, où les avaient précédés leurs maîtres, Cerisier et le 101ᵉ bataillon. C'est là que nous les retrouverons.

III

En rentrant à Paris, les fédérés avaient juré de massacrer tous les réfractaires et d'incendier leurs maisons, et Léo Meillet, pour conserver sa popularité, s'était vu obligé de leur en donner la permission. Ce fait, qui jette un certain jour sur ce que je vais dire, m'a été affirmé par des réfractaires incorporés de force dans les compagnies de guerre, et qui avaient pu ainsi tout voir, tout entendre. En cela, ces misérables avaient-ils conscience du sort qui les attendait, et voulaient-ils, comme la Commune, se faire des funérailles dignes d'eux, ou bien cherchaient-ils seulement à se venger sur les honnêtes gens de leurs nombreuses défaites ? Je pense qu'ils se proposaient l'une et l'autre chose. Les bataillons qui ont pu former un si effroyable projet méritent d'être connus. C'étaient les 101ᵉ, 120ᵉ, 133ᵉ, 156ᵉ, 176ᵉ, 184ᵉ. Pour être juste, je dois ajouter que le 25 mai, après leur entrée à Paris, il ne restait guère que des débris de ces bataillons. Tous ceux d'entre les gardes qui les composaient, et qui avaient conservé quelque sentiment humain, s'étaient esquivés et cachés. On ne voyait, par conséquent, sous le drapeau rouge, en ce jour néfaste, qu'un ramassis de bandits. Les prêtres devaient être naturellement leurs premières victimes.

Le clergé de Notre-Dame de la Gare était resté à son poste et n'avait jamais été inquiété. Le curé, M. Parguel, qui a fondé la paroisse, est connu et aimé de tous ses paroissiens. Je ne sais si quelqu'un a jamais pu lui souhaiter du mal, mais je suis certain qu'en temps ordinaire personne n'oserait en dire, ni à plus forte raison lui en faire. Pendant vingt-quatre ans il a travaillé pour la paroisse, et surtout pour les ouvriers, et il est aujourd'hui aussi pauvre qu'aucun d'eux. Il a ainsi forcé les plus impies à l'estimer et à le respecter.

Quoique moins connus que lui, ses vicaires sont cependant bien considérés. Les sympathies dont il est entouré s'étendent jusqu'à eux; ils sont couverts par son ombre. Ainsi on s'est fait une sorte d'habitude d'aimer la soutane. Nous pensions qu'on aimait également l'habit religieux, et nous avons été presque aussi étonnés qu'affligés de voir les vénérables captifs d'Arcueil insultés dans nos rues. Mais, le 25 mai, les gens honnêtes se cachaient, les malfaiteurs de toute sorte et les débris des bataillons insurgés de la rive gauche acculés sur notre territoire étaient au paroxysme de leur fureur, et nous-mêmes, privés de toute garantie, de tout appui, nous étions choisis pour victimes, nous devions grossir le cortége des dominicains. Léo Meillet, qui conduisait ce cortége, avait-il donné ses ordres pour notre arrestation? Je n'ai pas pu en avoir la preuve matérielle, mais le bruit en a couru et les circonstances ne permettent pas d'en douter. En effet, au moment même où Meillet traversait notre paroisse, des détachements de ses troupes envahissaient simultanément nos domiciles pour nous faire tous prisonniers.

M. le curé n'était pas chez lui, et, averti à temps, il put se mettre en sûreté.

Deux de ses vicaires furent sauvés grâce à l'inintelligence et à l'ivresse des fédérés, qui cette fois, par hasard, tournèrent à l'avantage de la justice et de l'innocence.

La bande chargée d'arrêter notre plus jeune confrère, M. Méhudin, le saisit dans sa maison et le mena au secteur. Mais les hommes qui l'y reçurent n'avaient pas, sans doute, compris la consigne. N'ayant rien pu relever contre lui, ils le renvoyèrent à son domicile, en lui ordonnant, probablement pour couvrir leur responsabilité, d'y rester prisonnier sur parole. Ce n'était pas là ce qu'avaient voulu les auteurs de l'arrestation. Bientôt ceux-ci reparurent en nombre plus considérable sous les ordres d'un chef de bataillon à cheval, et les choses se firent avec une solennité digne de la Commune. En tête, le commandant, derrière lui M. Méhudin, ayant à son côté une jeune cantinière agrémentée d'un chassepot en bandoulière; à droite et à gauche, une rangée de baïonnettes. On se met en marche. Les gardes adressent des insultes grossières à leur victime. Souvent ils les assaisonnent de lazzis et de propos obscènes en lui montrant la compagne qu'ils lui ont donnée. Celle-ci se prête de bonne grâce à ces honteuses plaisanteries, mais elle n'y répond que par ces mots cent fois répétés avec toute l'impertinence qui distingue ses pareilles : « Vive la Commune! » Veut-elle dire par là que sous tout autre régime elle ne se serait trouvée jamais à pareille fête? En ce cas elle a raison.

Puisqu'au secteur on avait relâché leur prisonnier, ces misérables ne se croient plus obligés de l'y reconduire. Il leur appartient et ils le traînent à une barricade derrière la mairie. Là ils proposent de l'attacher à la gueule d'un canon, mais on trouve que ce serait une mort trop douce pour un « calotin. » — « Il faut qu'il meure de la main de ses amis de Versailles ! » Et on le place au point le plus dangereux de la barricade pour y servir de point de mire à l'artillerie de l'armée régulière. Un capitaine se tient derrière la barricade pour le percer de son épée s'il tente de fuir. Ce supplice dura deux heures. M. Méhudin ne fut pas atteint. Enfin, deux officiers, qui l'avaient pris en pitié, se concertèrent pour le délivrer. L'un d'eux l'emmena, soi-disant pour l'armer d'un fusil et l'obliger à se battre, et le mit en sûreté. Puis, ayant repris ses habits civils, il le conduisit dans les lignes de l'armée française.

IV

Je devais être encore plus malheureux ou, si l'on veut, encore plus heureux.

Vers neuf heures du matin, arrivaient devant ma maison les fuyards de Bicêtre avec les dominicains. En tête se trouvaient quelques canons. Ensuite venaient ces religieux et le personnel de leur maison, puis, les inévitables cantinières, et enfin, dans un désordre indescriptible, marchait un ramassis de gardes dont la figure était empreinte de désespoir et pleine de menaces. Au milieu d'eux était Meillet, portant l'écharpe de la Commune. Le cortége passa sans s'arrêter, sauf un détachement d'une trentaine d'hommes qui firent halte sous mes fenêtres. Quatre coups de fusil se firent entendre. Je ne vis pas qui les tirait, car, saisi d'horreur à la vue des prisonniers d'Arcueil traités comme des scélérats, je m'étais enfermé chez moi ; mais je suis sûr que les détonations partirent de la rue, et des témoins oculaires m'ont depuis affirmé que c'étaient les fédérés eux-mêmes qui avaient tiré. Aussitôt ces misérables déclarèrent que le feu était parti de la maison ; que les locataires avaient tiré sur la garde nationale. En même temps j'entendis d'autres cris poussés principalement par des voix féminines : « A mort, le curé ; fusillez le calotin ! — De la paille et du pétrole ! barbouillez la maison et mettez-y le feu ! C'est un nid de *Versailleux* et de réactionnaires.» Une dizaine de forcenés envahissent l'escalier, je vais moi-même ouvrir ma porte. L'un d'eux tourne contre moi sa baïonnette, mais l'officier qui les conduit est un honnête homme. « Je vous défends, dit-il, de faire usage de vos armes. Les curés, je le sais, sont nos ennemis et des misérables. Toutefois vous n'êtes ici que pour chercher des armes. Faites des perquisitions, mais respectez la maison et les personnes. Nous ne sommes ni voleurs ni assassins. — Ah ! vous venez chercher des armes chez moi, leur dis-je ; cherchez bien, et si vous en trouvez, j'accepte toutes les conséquences qui peuvent s'en suivre. Ouvrez tout, voyez tout, mais je vous défends de toucher à rien. »

Leur but était uniquement de se saisir de ma personne. La recherche des armes n'était qu'une ruse destinée à cacher l'odieux de mon arrestation. Ils savaient bien, du reste, que les coups de feu étaient partis de leurs rangs. Mais, dans leur ruse même, ils se montrèrent si maladroits qu'ils ne firent aucune perquisition sérieuse. Ils se firent ouvrir tous les étages sans en fouiller aucun : ce fut une promenade à travers les appartements. Pendant cette course de haut en bas, j'écoutais les cris qui continuaient à se faire entendre dans la rue. Je ne me connaissais pas d'ennemis, et cependant j'entendais autour de moi des hommes et des femmes qui demandaient ma mort et voulaient brûler ma maison. D'où venaient-ils donc les uns et les autres? Pas de bien loin, je l'ai su plus tard, mais je ne dirai pas d'où. Je ne me souviendrai ici d'eux et d'*elles* que pour rappeler un fait que chacun sait, et que l'autorité ne devrait jamais oublier : les gens de profession infâme ont été partout les auxiliaires des fureurs de la Commune.

Leur promenade finie, un fédéré m'invita à le suivre à la mairie.

— Vous n'avez rien à craindre, ajouta-t-il, vous fournirez les explications qu'on vous demandera et vous pourrez rentrer chez vous.

— Mais je n'ai rien à expliquer. Que voulez-vous de moi?

Embarrassé par cette question, il se troubla et laissa échapper ces mots :

— C'est parce que vous êtes prêtre.

— Dans ce cas, je suis à vos ordres.

— Je vous conseille de prendre d'autres habits.

— Je n'ai pas quitté ma soutane un seul jour sous la Commune; mais si je l'avais quittée, je la reprendrais en ce moment.

Ces mots : *prêtre, autres habits,* avaient été pour moi un trait de lumière, et j'en fis le point de départ de ma défense. C'était, avant tout, ma foi et mon caractère sacerdotal qui étaient en cause, et il s'agissait de les défendre sans faiblesse.

Nous partons. Comme je paraissais dans la rue, quelques forcenés me couchèrent en joue. Le chef d'un poste voisin leur défendit de tirer. On le menaça lui-même, mais son courage ne faiblit pas. Après mon départ, les pétroleurs et pétroleuses veulent accomplir leurs sinistres projets. Le même chef s'y oppose et sauve la maison. Qu'on me permette de le nommer : c'est M. Adolphe Prud'homme, lieutenant au 102ᵉ bataillon, 4ᵉ compagnie. Trois gardes avaient reçu ou s'étaient donné mission de me conduire. A ma gauche j'avais un vrai brigand. Il ne connaissait la société en général, et spécialement les prêtres, que d'après la peinture qu'en avaient faite *le Père Duchêne*, *le Cri du peuple* et *le Mot d'ordre*. Les dominicains et moi étions, à ses yeux, responsables des crimes imputés par ces feuilles aux religieux de Picpus et au clergé de Saint-Laurent. Après l'avoir entendu, je crois pouvoir, à mon tour, rendre les rédacteurs de ces journaux responsables du massacre de mes co-prisonniers. En même temps, ce bandit cherchait à ameuter la foule contre moi. Tout le monde me connaissait, et je ne recueillis que des marques de sympathie.

Le garde qui était à ma droite n'avait pour moi, au contraire, que de bonnes paroles. C'était un honnête homme, faible sans doute, puisqu'il avait accepté un si triste rôle ; mais, je le voyais, il s'y prêtait à contre-cœur, et je le trouvai bien déplacé dans les rangs des insurgés.

Nous arrivons ainsi à la mairie. Un officier à qui je m'adresse déclare qu'il n'a pas qualité pour recevoir mes explications, mais il s'arroge le droit de me faire incarcérer. « Menez-moi ça au 38, avenue d'Italie, » dit-il ; puis, se tournant vers moi : « D'autres moines vous y attendent ; votre affaire sera réglée avec la leur. » Je me remets en marche entre mes deux larrons. J'allais donc être appelé à témoigner de ma foi. Me rappelant la parole de l'Évangile, je pris la résolution de ne préparer ni prévoir en rien les réponses que j'aurais à faire : *Nolite cogitare*, etc., et je m'abandonnai entre les mains de Dieu.

V

En entrant au greffe j'ôtai mon chapeau. Mon larron de gauche se mit en colère.

— Personne ici n'a besoin de vos saluts ; nous ne connaissons pas, nous, toutes vos simagrées d'aristocrate !

— J'ai été mal élevé, lui dis-je, mais je ne viens pas ici pour refaire mon éducation.

Le gardien-chef se présente.

— Asseyez-vous là, fit-il d'un ton irrité, en me montrant un siége en bois.

— Je préfère rester debout.

Il tire son revolver et me le porte à la figure :

— C'est moi qui commande ici. Asseyez-vous là, ou je vous brûle la cervelle !

Cet homme a joué un rôle considérable dans la journée. Avant d'aller plus loin, je dois le faire connaître. C'est un sieur Boin, corroyeur, et vieux camarade d'atelier de Cerisier. Ensemble, ces deux malheureux avaient appris à haïr la société; ensemble, ils avaient conspiré. Dans le mouvement iusurrectionnel, Cerisier était parvenu au grade de colonel. Boin n'avait pu s'élever, paraît-il, qu'au rang d'estafette. A défaut de galons, la Commune lui avait donné sa confiance. Lorsque les troupes entrèrent à Paris, la défense des fédérés devint difficile. Cerisier sentit le besoin de confier à un homme sûr la garde de la prison, et le 25 mai il y appela son vieil ami Boin, qui reçut à cette occasion les galons de capitaine.

Lorsque je fus assis, Boin demanda quel était mon crime :

— Il a tiré de sa maison sur la garde nationale.

— Il fallait le fusiller sur place, et ne pas nous en embarrasser ici, répliqua-t-il.

— Je le disais bien, répondit mon mauvais larron. On s'y est opposé; mais permettez-moi de le faire maintenant, ce ne sera pas long.

— Oh! oh! fis-je, et les preuves? Je nie le fait et j'exige une enquête.

— Avez-vous fait perquisition dans son appartement? continua Boin?

— Oui, on n'a rien trouvé, dit mon larron d'un air contrarié.

Puisque le sieur Boin se permettait de me juger, je pensai qu'il avait le droit de prononcer mon acquittement et de me rendre ma liberté.

— Encore une fois, je demande une enquête, lui dis-je, ou bien faites-moi sortir d'ici.

Telle était ma naïveté. Boin se mit en fureur.

— Vous relâcher! On n'a pas tant de mesures à garder envers des prêtres. Vous allez être enfermé avec d'autres calotins qui vous attendent, et tout à l'heure la justice du peuple réglera votre compte.

Et il continua sur ce ton pendant quelques instants, m'imputant, lui aussi, tous les crimes inventés par les journalistes de la Commune contre les religieux et les religieuses.

A ce moment intervint un sergent-major du 42ᵉ bataillon, M. Floury, horloger, boulevard de la Gare, 114. Ce brave citoyen, quoique suspect, comme tout son bataillon, m'avait suivi au greffe pour me défendre.

— Je déteste les prêtres, s'écria-t-il, ce sont en général des bandits. Mais parmi eux, comme dans toutes les classes, il y a des honnêtes gens. Je connais, par exemple, le curé de la place Jeanne-d'Arc. A-t-on jamais vu un homme qui fît plus de bien au pauvre peuple?

Eh bien! ce citoyen est son second. Et vous voudriez le fusiller? Ce serait un crime!

— Vous soutenez le vice, lui répond-on; vous êtes ami des calotins et des Versailleux!

— Ce que je dis est la vérité, et vous devez me croire!

Ils se calmèrent, et sur ma demande on m'inscrivit au registre d'écrou. Je tenais à voir figurer mon nom à côté de ceux des vénérables dominicains, puisque j'étais condamné à partager leur prison. Pendant qu'on remplissait cette formalité, j'entrepris de calmer mon mauvais larron.

— Voyons, lui dis-je en posant ma main sur son épaule, vous m'avez insulté et fait de la peine. Qu'avez-vous contre moi? Je ne vous avais jamais vu et vous savez bien que je n'ai pas tiré sur vous. Si dans ces conditions je vous avais insulté et menacé, que penseriez-vous de moi?

Il s'esquiva aussitôt tout confus, sans me répondre, et je ne le revis plus. Cet homme, comme tant d'autres, n'avait agi que sous l'influence d'absurdes préjugés.

Cependant M. Floury avait momentanément disparu, et le sieur Boin recommença ses invectives. Un jeune capitaine imberbe — un chiffonnier, m'a-t-on dit plus tard — qui avait tout récemment quitté la hotte pour le galon, se joint à lui et le met en verve. Ce chiffonnier-capitaine parle peu, mais il ne m'en paraît que plus à craindre. Dans sa froideur, il semble avoir soif de sang. Je n'ai pas pu savoir son nom.

— Qui avez-vous chez vous? me demanda Boin.

— Une personne à mon service.

— En quoi consiste ce service?

— Ce qu'il y a à faire dans chaque maison. Mais où voulez-vous en venir?

— Ah! c'est une bonne que vous avez, bonne à...

Ce que le sieur Boin me dit ici, je ne dois pas l'écrire.

— Vous m'insultez, et je ne vous en reconnais pas le droit!

— Comment, je vous insulte! En quoi donc?

— Ma langue ne se salira pas à vous le dire; mais je proteste de toutes mes forces!

Boin entreprit alors de me prouver qu'il n'avait donné aucun mauvais sens à ses paroles; puis il poursuivit:

— Vous prêchez Jésus-Christ?

— Oui, et je m'en fais gloire.

— Vous ne lui ressemblez guère. Jésus-Christ fut le premier républicain du monde, et les prêtres sont des instruments de despotisme.

— Jésus-Christ a régénéré la société, mais il n'avait pas de revolver.

— Vous êtes chauve?

— Comme vous voyez. Que voulez-vous en conclure?

— Vous êtes lâche; tous les prêtres le sont.

— Regardez-moi bien. Trouvez-vous sur mon front les traces de la peur? Puis, écoutez ceci : tous les jours, depuis le 18 mars, j'aurais pu quitter Paris; or j'y suis resté, et je n'ai pas même quitté ma soutane. Pensez-vous qu'un honnête homme, et surtout un prêtre qui serait lâche, fût demeuré au milieu de vous sous le régime de la Commune?

Je craignis d'en avoir trop dit, mais mes insulteurs n'eurent pas l'air de me comprendre.

— Les prêtres sont cause de tous nos malheurs; ils abrutissent le peuple et le courbent sous le joug des tyrans. Mais le jour de la justice est venu.

— Le prêtre est un homme qui a toujours assez d'intelligence pour se créer une position. Il renonce cependant à avoir une famille, à s'enrichir, à jouir de la vie du monde, pour se consacrer tout entier à vous et à vos enfants. C'est ce que je fais parmi vous depuis dix ans.

— Nous savons à quoi nous en tenir à cet égard.

S'adressant ensuite à son entourage, Boin dit :

— Que décidez-vous? Faut-il le fusiller tout de suite?

— *Jé-zé-té* au secteur, et l'ordre est de le fusiller, fit avec flegme le chiffonnier.

— Est-ce comme prêtre, dis-je, que vous me condamnez? Frappez! Est-ce comme criminel? Encore une fois, prouvez mon crime.

M. Floury était revenu :

— L'affaire est grave, croyez-moi, réfléchissez, dit-il. Formons un conseil de guerre qui jugera.

Boin, le chiffonnier et M. Floury se nommèrent eux-mêmes membres de ce conseil, et décidèrent que pendant la délibération je serais enfermé « avec les autres calotins ». Le gardien chargé de me conduire m'ouvrit, peut-être par hasard, une salle où ne se trouvaient que des détenus ordinaires, au lieu de me mettre, comme je le désirais, avec les vénérables pères d'Arcueil. C'est à cette circonstance que je dois probablement la conservation de ma vie.

VI

C'était évidemment le prêtre qu'on voulait frapper en moi, et j'étais fier de pouvoir confesser ma foi. Je ne veux pas dire que je désirais mourir; non, la nature n'avait pas perdu en moi la répugnance de la mort, mais en entrant dans ma prison je fus saisi d'un sentiment indéfinissable qui me remplit de force, je dirais presque de joie.

Je n'avais jamais vu de prison. Je me figurais quatre murs où l'administration entretenait une propreté convenable, et où l'on avait surtout à redouter le contact d'une population de malfaiteurs. Ici, c'était le contraire que j'avais sous les yeux. Deux salles d'une malpropreté révoltante, une odeur infecte qui vous coupait la respiration, voilà pour le local; une trentaine de personnes de toute condition, mais bonnes et prévenantes, voilà les compagnons qu'on me donnait. Ce jour-là, les malfaiteurs étant les maîtres, il était naturel que les honnêtes gens fussent sous les verroux. D'abord on s'étonne de mon arrivée, on se presse peu à peu autour de moi.

— Nous vous plaignons, me dit-on; mais, s'il faut mourir, nous serons bien aises de vous avoir. Nous userons de votre ministère.

Quelques-uns se rattachent plus fortement à la vie : ce sont des pères de famille.

— Nous avons des enfants qui ont besoin de nous; puissiez-vous être ici notre paratonnerre !

— Je serai ce que je pourrai, leur dis-je; mais, mes amis, pas de tristesse parmi nous. A quoi bon se désoler. Vous n'avez pas la prétention d'attendrir vos maîtres? N'usez donc pas en vain votre énergie. Un peu de courage !

— Pensez-vous que nous serons fusillés ?

— J'ai plus à craindre que vous. Dans tous les cas, il en sera de nous ce que Dieu voudra. N'oublions pas que nous combattons pour la bonne cause, et espérons.

Ce fut toute une manifestation, moitié religieuse, moitié patriotique. La Commune, qui combattait également Dieu et la France, avait-elle prévu cela? Comme elle était imprudente!

Ensuite on se mit à causer avec une douce expansion. J'appris ainsi que la plupart d'entre eux étaient coupables d'avoir refusé de porter les armes contre l'armée nationale, d'avoir fait un voyage à Versailles, etc. Bientôt certaines inscriptions tracées sur les murs attirent notre attention. Sur l'une nous lisons : « La république est le soleil du monde entier. » Un plaisant la complète ainsi : « Et la cause de beaucoup d'orages. »

— Bravo ! crie-t-on de tous côtés.

Un peu plus loin, nous trouvons les noms : Chanzy, Turquet, de Langourian.

— Honneur à ces braves ! Ils nous ont précédés ici et en sont sortis.

— Oui, et si Dieu le veut, nous en sortirons comme eux, leur dis-je.

— Que Dieu vous entende !

On se prend à espérer, et on se promet de se revoir lorsqu'on sera en liberté, tout comme les collégiens à la veille des vacances. Ainsi passait notre temps. Ma détention dura sept heures, sept heures dont, tout compte fait, il ne me reste qu'un bon souvenir. Mes compagnons ne s'étaient peut-être jamais sentis plus chrétiens; pour sûr, je ne m'étais jamais senti plus prêtre.

VII

Comme j'entrais en prison, le conseil de guerre entrait en séance. Le sieur Boin et le chiffonnier ne se croyaient pas obligés d'étudier ma cause : juges et accusateurs tout à la fois, ils me trouvaient digne de mort. Toutes les calomnies du journalisme ou des orateurs de club contre les prêtres furent par eux rappelées, et j'en devais porter la peine. Deux autres employés de la prison que ces citoyens s'étaient adjoints n'osaient se prononcer. Ils ne me trouvaient pas coupable, mais ils craignaient de se compromettre en me déclarant innocent. Seul, M. Floury se prononçait pour mon acquittement. La partie n'était pas égale, et j'allais être condamné. M. Floury eut alors recours à un moyen de persuasion plus puissant que tous les raisonnements sur les hommes de la Commune.

— L'affaire est grave, encore une fois, dit-il à ses collègues, et aucun de nous ne voudrait commettre un assassinat. Allons délibérer encore avec plus de calme dans le café voisin.

— Accepté.

Le liquide attendrit vite ces cœurs communeux. A mesure que les verres se vident, mon innocence se manifeste. Bientôt je suis un excellent homme et un bienfaiteur du quartier. Tous ont entendu faire l'éloge du curé de la place Jeanne-d'Arc, et j'ai pris part à ses bonnes œuvres. Je suis acquitté à l'unanimité. Boin et le chiffonnier veulent être les premiers à me l'annoncer [1]. Je les vois arriver au fond de ma prison, la figure illuminée, mais les yeux un peu gros.

— Nous avons fait une enquête, me dit le chiffonnier : tous vos voisins font de vous le plus grand éloge. Vous n'avez plus rien à craindre.

— Je vous ai bien insulté, bien maltraité, ajouta Boin; je vous en fais bien sincèrement mes excuses. Veuillez me pardonner. Voyez-vous, j'étais ému.

Cet homme avait été si dur pour moi, il m'avait dit des choses si vilaines, que je fus très-étonné de sa démarche. Je lui tendis ma main, qu'il serra avec une visible satisfaction. Tout heureux d'un tel dénoûment, M. Floury vint à son tour me rassurer et m'offrir ses services avec un dévouement dont je ne saurais trop le remercier. Je manifestai le désir de m'en aller.

— Ce n'est pas possible, me répondit-on, car il y a en ce moment trop de danger pour vous dans les rues. Ce soir vous serez mis en liberté.

Je me résignai d'autant plus facilement à rester que je me croyais désormais en sûreté. Quant à mes compagnons, par un sentiment qui les honorait, et qui doit se voir rarement dans les prisons ordinaires, ils étaient presque aussi heureux que moi de ce qu'ils appelaient « ma bonne chance ». Il n'y avait ni envie ni jalousie parmi nous.

VIII

Vers deux heures après midi, l'attaque de l'armée régulière prend un caractère plus violent. Je dirai plus bas comment l'aile gauche du général de Cissey se porte vers le boulevard de la Gare, tandis que l'aile droite s'avance, en suivant les fortifications, vers la porte d'Italie, et le centre sur les positions de la Butte-aux-Cailles, où se trouve notre prison. De ce côté, les combattants ne sont séparés que par la Bièvre. L'artillerie de Versailles ouvre tous ses feux contre la Maison-Blanche. Un déluge de fer et de plomb passe sur notre tête. Aux détonations qui se rapprochent, nous pouvons suivre les progrès de l'armée. Les fédérés sont écrasés et se replient en désordre. Cerisier sent la nécessité de fortifier les barricades de l'avenue d'Italie et ordonne d'y envoyer les prisonniers. Quatorze de mes compagnons sont

---

[1] Ces renseignements m'ont été fournis par des personnes très-sûres, je puis les donner avec une entière confiance.

appelés. Comme ils venaient de partir, on me fait paraître au guichet. Je me trouve en présence d'une figure sinistre.

— Cela suffit, me dit ce malheureux, je voulais m'assurer que vous étiez là.

J'ai su depuis que le 101e bataillon, me considérant comme *sa chose*, me surveillait pour m'empêcher de fuir. Ma confiance fait place au doute et à la crainte.

Quelques instants après, nous entendons du mouvement dans la salle voisine. Que s'y passait-il? C'étaient les dominicains d'Arcueil que l'on conduisait à la barricade. Ce fait mérite d'être connu, car il montre à quel point notre vie était à la merci de nos gardiens.

Le citoyen Boin, en voyant les quatorze premiers prisonniers mêlés aux barricades, s'emporta avec une extrême violence contre ses sous-gardiens qui avaient envoyé au danger « des laïques, peut-être bons patriotes, au lieu d'y faire conduire les moines d'Arcueil. » Et il exigea que ceux-ci lui fussent livrés.

Les sous-gardiens, désirant mettre leur responsabilité à couvert, demandèrent un ordre écrit. Boin, qui savait à peine lire, les chargea de rédiger eux-mêmes cette pièce et la signa. En voici le texte copié sur l'original ; je n'y change rien :

« Je soussigné, délégué comme gardien-chef par le colonel Cerisier, à la maison disciplinaire de la 13e légion, prends sur ma responsabilité d'envoyer, pour travailler aux barricades, d'après les ordres que j'en ai reçus, les vingt prisonniers écroués sous les numéros 98, 99, 100, 101, 102, 103, 104, 105, 106, 107, 108, 109, 110, 111, 112, 113, 114, 115, 116, 117.

« Signé : Boin. »

Cachet de la prison
de la 13e légion.

Boin se présente ensuite à la porte de la salle de ces prisonniers et s'écrie : « Soutanes, levez-vous, on va vous conduire aux barricades! » Et il les y mène lui-même avec une escorte d'hommes du 101e bataillon.

A la barricade on leur offre des fusils et on veut les obliger à se battre. Le P. Captier refuse de prendre les armes. Comme prêtres et comme ambulanciers, lui et les siens doivent, dit-il, rester neutres. Il ajoute :

— Tout ce que nous pouvons faire, c'est de soigner vos blessés et de relever vos morts.

— Vous le promettez? demande un officier de la Commune.

— Nous le promettons.

Sur cette réponse, on les ramène en prison avec une escorte où figurent des femmes armées de chassepots. Dès ce moment, ces infortunés ne songent qu'à se préparer à la mort.

Vers quatre heures et demie, mes compagnons et moi nous entendons une deuxième fois sortir les vénérables captifs. Comme la bataille se rapproche, nous nous persuadons qu'on les met en liberté, et nous espérons que nous aussi nous allons être libres. Hélas! non. Cette fois on les mène à la mort par ordre exprès de Cerisier.

Sur l'avenue d'Italie, une partie des hommes du 101e se poste aux issues des rues voisines pour ôter aux victimes tout moyen de fuir, et les autres forment les pelotons d'exécution. Au milieu d'eux se trouve, sur une voiture, avec une femme à son côté, le colonel Cerisier.

A la vue de ces apprêts, le P. Captier se tourne vers les siens et s'écrie : « Allons, mes amis, c'est pour le bon Dieu. » Ce furent ses dernières paroles, paraphrase éminemment sacerdotale de cette offrande que Jésus-Christ, le Prêtre des prêtres, fit de lui-même : Me voici: *Tunc dixi : ecce venio*. Ces paroles sont, sur les lèvres de ce martyr, un testament. Elles seront, n'en doutons pas, un héritage fécond pour la maison d'Arcueil. Que ne peuvent-elles l'être pour toute la France!

Aussitôt le massacre commence. Le P. Cotrault, sorti le premier, est frappé et tombe sur l'entrée même de la prison.

Le P. Captier, qui vient après lui, reçoit un coup de feu à la jambe en paraissant dans l'avenue. Néanmoins il peut encore marcher et il prend la fuite dans la direction de la chapelle Bréa. Mais il essuie bientôt une seconde décharge et tombe pour ne plus se relever.

Le P. Bourard, blessé, lui aussi, sur la porte de la prison, se sauve dans la même direction et s'affaisse pareillement, après quelques pas, sous de nouvelles balles.

Les PP. Delorme et Chatagneret, ainsi que M. Gauquelin, un de leurs maîtres auxiliaires, sont foudroyés par les premiers coups.

Au milieu du désordre que causent ces six assassinats, les autres prisonniers s'élancent, sans être atteints, sur l'avenue et cherchent à se sauver. Avant d'avoir pu trouver un asile, un autre maître auxiliaire, M. Voland, et cinq domestiques de l'école sont arrêtés et massacrés sur la voie publique. Leur mort porte à douze le nombre des victimes.

M. Petit, employé à l'économat, également arrêté dans sa fuite, fut d'abord épargné par les fédérés. Nous verrons plus loin comment il vint ensuite grossir le nombre de ces glorieux martyrs.

M. l'abbé Grancolas rencontra une porte ouverte au numéro 45 de l'avenue d'Italie et s'y réfugia sans être vu. Un honorable locataire de cette maison, M. Chrétien, lui procura aussitôt des habits civils, et ce vénérable ecclésiastique put ainsi se soustraire au danger.

Un troisième maître auxiliaire, M. Résillot, et un domestique, M. Bouho, gagnèrent, au milieu de la fusillade, la rue Toussaint-Féron et pénétrèrent dans la maison numéro 4 de cette rue. Le propriétaire refusa de les recevoir, mais au lieu de sortir sur la rue, les deux fugitifs escaladèrent un mur au fond de la cour et allèrent se cacher dans une briqueterie.

En sortant de la salle de détention, M. Bertrand, sous-censeur de l'école, entendit les détonations qui frappaient les premières victimes, et au lieu de suivre l'impasse, il se dirigea vers l'escalier de la maison et monta aux étages supérieurs. Repoussé par une femme prise de terreur, il descendit à la cave où s'était déjà réfugié le jardinier d'Arcueil. Dénoncés par un enfant, ils remontèrent tous deux dans l'impasse et se réfugièrent au greffe. Nous les y retrouverons.

IX

Après avoir massacré les vénérables religieux d'Arcueil, les assassins songèrent à moi. A quatre heures trois quarts, deux de ces égorgeurs s'introduisirent dans la salle où je me trouvais, et appelèrent :

— Le tricorne qui est ici !

Je me présente.

— Suis-nous ! me disent-ils.

Je ne connaissais pas encore la mort des dominicains ; mais la mine de ces deux misérables et le ton de leur voix ne me laissèrent pas de doute sur le sort qui m'était réservé. J'avais offert ma vie à Dieu, en le priant de me donner du courage, s'il me jugeait digne de mourir pour sa cause. Maintenant, j'étais persuadé qu'il acceptait mon sacrifice, et je pris mes dernières dispositions pour paraître devant lui. M'est-il permis de les rappeler ici ? Il s'agit des actes les plus solennels de l'âme chrétienne et des sentiments les plus intimes du prêtre. A ces deux titres, actes et sentiments, tout émane de Dieu plus que de l'homme, et si j'y ai eu quelque part, je ne dois pas ignorer qu'à ma place tout prêtre consciencieux n'eût pas agi autrement. Je les oppose donc, comme œuvre de Dieu, aux actes et aux sentiments des malheureux que la révolution appelle ses martyrs.

Je demandai avec une entière confiance pardon à Dieu et aux hommes de toutes les fautes de ma vie, et je pardonnai à tous ceux qui pouvaient m'avoir offensé, spécialement à mes bourreaux. Je puis ajouter qu'en face de la mort, le pardon des offenses est, je ne dirai pas seulement facile, mais encore plein de consolations. Qu'on serait heureux, s'il pouvait en être de même pendant la vie!

Puis je dis à Jésus-Christ, mon Maître : « Sang pour sang : vous avez donné le vôtre pour moi, je donne le mien pour vous. Que n'a-t-il plus de valeur pour l'Église et pour mon pays !»

Enfin, je le priai de me rendre en amour pour lui dans l'éternité tout ce que je perdais dans la vie présente.

Comme je paraissais dans l'impasse de la prison, je vis deux fédérés prendre par les pieds le cadavre d'un père dominicain pour me le montrer de loin. Lorsque j'arrivai près d'eux, ils l'étendirent sur le seuil de la porte extérieure.

— Passe dessus, coquin, me dirent-ils, regarde-le, et mets-toi contre ce mur (à côté de la porte), ton tour est venu.

Je me souvins des septembriseurs qui, pour donner un avant-goût de la mort à l'infortunée Marie-Antoinette, allèrent lui présenter la tête de madame de Lamballe.

— Malheureux, leur répondis-je, vous n'auriez pas dû me le montrer !

J'ai dit en commençant que j'avais retrouvé mon calme. J'avoue qu'ici je sens mon émotion me revenir. Le lecteur me le pardonnera facilement, s'il veut bien se mettre à ma place. Mais je promets, d'ailleurs, que mon récit restera toujours dans les limites de la vérité.

A la vue de ce cadavre, il me sembla que mon cœur se changeait en marbre : je n'éprouvai que de l'horreur et du mépris. Je promenai mes regards sur ce monde d'assassins, et, ce qui me fit le plus de mal, ce fut la foule qui les entourait. Il y avait là plusieurs milliers de spectateurs, et les femmes y étaient bien plus nombreuses que les hommes. Les dangers de la guerre les avaient fait, dès le matin, descendre dans les caves, l'attrait du massacre des prisonniers les en avait fait sortir. J'ai su depuis que cette masse immonde avait insulté les victimes et encouragé les assassins.

Dans une telle perversion du sens moral, nos docteurs en matérialisme reconnaîtront-ils leur œuvre?

C'est assurément le spectacle le plus humiliant, le plus révoltant auquel il soit possible d'assister. Et cependant, dès qu'on réfléchit, on ne peut pas s'en étonner. Cette foule, on l'a abrutie en ne lui prêchant que jouissances matérielles, et en même temps on l'a rendue arrogante en lui faisant voir ses vrais ennemis dans tous ceux qui possèdent ou défendent le droit et la morale[1]. En elle on a ressuscité

---

[1] On sait par quels moyens la Commune s'est efforcée de ruiner tout patriotisme dans les masses, afin d'armer leurs bras contre toutes les classes honnêtes de la

un paganisme abject en le doublant de socialisme. Tout l'hiver nous les avons vus, ces hommes et ces femmes, réclamer impérieusement de l'État le pain quotidien et le manger en insultant la main qui en faisait les frais. Maintenant qu'elle était au pouvoir, la Commune faisait revivre pour eux les jeux sanglants du cirque, *panem et circenses*.

Lorsque je parus, bourreaux et spectateurs étaient déjà ivres du sang de douze victimes. Mais les spectateurs me connaissaient : j'avais passé l'hiver au milieu d'eux, dans une ambulance ; ils se turent, et les gardes du 101ᵉ bataillon proférèrent seuls des cris de mort contre moi. Sans m'occuper de leurs menaces, je m'adressai à

société. En ce qui concerne notre quartier, voici un document trop peu connu que le citoyen Jules Gaston Buffier a fait afficher sur papier blanc dans les XIIᵉ et XIIIᵉ arrondissements.

Association internationale des travailleurs. — Sections de la gare d'Ivry et de Bercy réunies.

PATRIE — HUMANITÉ

La patrie, un mot, une erreur ! L'humanité, un fait, une vérité !

Inventée par les prêtres et les rois, comme le mythe Dieu, la patrie n'a jamais servi qu'à parquer la bestialité humaine dans des limites étroites, distinctes, où, directement sous la main des maîtres, on la tondait et la saignait pour le plus grand profit de ceux-ci, et au nom de l'immonde fétiche.

Quand le bois vermoulu du trône craquait et menaçait ruine, le berger, ou pour mieux dire, le boucher s'entendait avec son cher frère ou cousin du voisinage, et les deux misérables couronnés lançaient l'un contre l'autre les multitudes stupides qui, pendant que les maîtres riaient à leur barbe, allaient — meutes affolées, — s'entr'égorger en criant : Vive la gloire ! vive la patrie !

La saignée faite, César, qui marquait les points, arrêtait l'égorgement, embrassait son très-cher frère l'ennemi, et faisait rentrer au bercail son troupeau décimé, incapable alors pendant de longs mois de lui porter ombrage.

Le tour était joué.

Aujourd'hui c'en est assez ! les peuples sont frères ; les rois et leurs valets sont les seuls ennemis.

Assez de sang, assez d'imbécillité ; peuples, les patries ne sont plus que des mots ; la France est morte ! L'humanité est là.

Soyons hommes et prouvons-le !

L'utopie d'Anacharsis Clootz devient vérité. La nationalité — erreur, — résultat de la naissance, est un mal ; détruisons-le.

Naître ici ou là, seul fait du hasard, des circonstances, change notre nationalité, nous fait amis ou ennemis ; répudions cette loterie stupide, farce dont nous avons toujours été jusqu'ici les dindons.

Que la patrie ne soit plus qu'un vain mot, — une classification administrative sans valeur ; — notre pays est partout où l'on vit libre, où l'on travaille.

Peuples, travailleurs, la lumière se fait ; que notre aveuglement cesse, sus aux despotes, plus de tyrans !

La France est morte, vive l'humanité !   JULES NOSTAG.

un officier à cheval qui semblait être là pour présider aux exécutions.

— Dites donc, vous êtes l'autorité ici?

— Oui.

— Eh bien! c'est à vous seul que je m'adresse. Déclarez qui vous faites fusiller en ma personne. Est-ce le prêtre, ce que vous appelez une opinion religieuse? Je n'ai rien à objecter : voyez ma soutane et frappez. Est-ce un criminel qui aurait tiré sur le peuple, comme on m'en a accusé? Prouvez mon crime. Je vous préviens que ma cause a été jugée, et qu'on m'a reconnu innocent.

Sans me répondre, cet officier tire son revolver et me le porte à la figure.

— Votre revolver, lui dis-je, m'est parfaitement indifférent en ce moment. Voyez donc tous ces chassepots qui me menacent, ils sont autrement à craindre que votre arme. Répondez à ma question.

Ce malheureux, qui, au fond, ne me voulait pas de mal, comme je le dirai plus bas, remet gravement son revolver à sa ceinture, et se dispose à s'éloigner. Je saute vivement à la bride de son cheval :

— Vous ne partirez pas sans me répondre. Sachez d'abord que je ne veux pas de grâce; je suis homme à porter la responsabilité de mes actions. Mais j'ai droit à la justice, et je la demande. Mon dossier est au greffe : venez le consulter.

En parlant ainsi, je l'entraîne vers le greffe, et il me suit sur son cheval sans difficulté. Mais les gardes du 101ᵉ bataillon craignent de perdre leur proie; ils nous arrêtent en s'écriant :

— Nous n'avons pas de temps à perdre; il faut le fusiller de suite !

— Voyons, dis-je à l'officier, vous vous posez en défenseurs du droit et de la liberté?

— De la liberté, fit-il.

— N'excluez donc pas le droit, car sans le droit vous n'êtes rien. Au nom du droit et de la liberté, j'exige que vous voyiez mon dossier [1].

Se tournant alors vers ses hommes, il leur dit :

— Camarades, vous n'êtes pas des assassins, vous autres? (Non! non!) Vous êtes d'honnêtes patriotes qui combattez pour la liberté? (Oui! oui!) Eh bien! on n'a pas pu prouver que *le* citoyen eût tiré

---

[1] Je fus heureux que cet officier ne fît pas droit à ma demande. L'enquête et le dossier dont m'avaient parlé mes juges n'avaient jamais existé que sur leurs lèvres. Ils m'avaient acquitté le verre à la main sans entendre personne, sans écrire un mot, et il n'était question de moi au greffe que sur le registre d'écrou.

sur vous. Pour ne pas vous exposer à commettre un assassinat, don-
nez-lui un fusil et menez-le à la barricade.

Ces derniers mots ne sont pas textuels : l'officier se servit du dic-
tionnaire du *Père Duchêne*.

Je me trouvai aussitôt un fusil à la main. Je le repoussai vivement
en disant :

— Je ne tirerais pas sur vous si j'étais dans les rangs des Versaillais, je ne tirerai pas sur l'armée de Versailles, me trouvant parmi
vous. Je suis prêtre, et je ne me bats point.

— Qu'est-ce que ça nous fait, à nous? En avant, ou une balle dans
la tête, me crièrent en chœur ces furieux.

— Prenez donc le fusil, fit un capitaine, et vous ne tirerez pas.

Deux voyous s'approchent; l'un me donne des cartouches, l'autre
des capsules, et tout un flot de ces misérables me pousse vers la barricade de l'avenue d'Italie, en face de la mairie.

Chemin faisant, on se fait un plaisir de me montrer les cadavres
des martyrs d'Arcueil. Pour satisfaire la curiosité de la foule, on
les avait disséminés sur toute l'avenue d'Italie. Ainsi chacun pouvait les contempler et les profaner tout à son aise. Je vis des choses
horribles. On poussait ces cadavres du pied, on les roulait dans la
poussière. A l'un on prenait son chapeau, à l'autre son scapulaire, et
on affublait de ces objets les laïques tués avec les Pères. Grâce à ces
déguisements, je crus voir huit martyrs religieux, tandis qu'il n'y en
avait que cinq. Voici le fait peut-être le plus révoltant; je ne l'ai pas
vu, mais il m'a été attesté par des témoins oculaires. Un de ces vénérables Pères survécut environ une heure à ses blessures. Les gardes et la foule l'assirent contre le mur et le frappèrent, tant qu'il vé-
cut, les uns du talon de leur chaussure, les autres de la crosse de
leurs fusils, en proférant contre lui et contre les religieux en général des imprécations épouvantables. Quelles horreurs! Que ceux qui
déchaînent les révolutions considèrent ici leurs œuvres ! Ils ne nous
parlent que de progrès, et ils rendent les hommes qui les servent
cent fois plus féroces que les bêtes fauves. Les leçons de 92 et de 93
ne nous ont donc servi de rien? La France n'avait pas encore subi de
pareilles hontes ! Elle les doit surtout aux journalistes de la Commune : puisse-t-elle ne pas l'oublier !

Lorsque les soldats français arrivent, la scène change. Les cadavres sont entourés, mais vénérés. On n'a pas le temps de les enlever — ils ne le seront que le lendemain — mais chaque *lignard* veut
emporter quelque relique. Il faut les voir, ces braves soldats, se par-
tageant les chapelets et autres menus objets trouvés sur les victimes.

X.

Derrière la barricade de l'avenue d'Italie se trouvait le cadavre d'un Père dominicain. Il avait été traîné là par les assassins, peut-être même par la foule, mais comme il y avait du danger à s'en approcher, les curieux se bornaient à le considérer de loin. Et ce fut celui qui reçut le moins d'insultes. Les fédérés se firent tout naturellement un plaisir de me placer à côté de ce martyr.

Là se bornèrent, en ce moment, leurs méchancetés : je fus libre de ne pas tirer, et je n'entendis à mon adresse que quelques plaisanteries grossières empruntées au *Père Duchêne*. Je profitai de cette tranquillité relative pour observer, mieux que je n'avais pu le faire jusqu'alors, le mouvement de la bataille. J'avais conservé toute ma présence d'esprit, et je voulais savoir sur quel point l'armée se rapprochait le plus de nous, afin de me réfugier dans ses rangs si quelque circonstance favorable me permettait de fuir.

Elle avait déjà obtenu des succès décisifs sur toute la ligne et poursuivait ses avantages avec un élan irrésistible. Vers la Salpêtrière, nous entendons une vive fusillade, et on nous dit que les fédérés, craignant d'être cernés, évacuent le triangle formé par le boulevard de l'Hôpital, le boulevard de la Gare et la Seine. En face de nous, dans la direction des Gobelins, tonne une batterie qui nous couvre de projectiles. Je puis admirer la justesse du tir : en quelques minutes, trois obus viennent éclater à quatre pas de nous, derrière la barricade. Ils partent des bords de la Bièvre, que nous dominons d'une trentaine de mètres, et ils semblent tomber des nues : ils décrivent une courbe savamment calculée. Sur notre gauche, dans la direction de la Glacière, le canon et la mousqueterie font rage. L'attaque se fait ainsi par trois côtés à la fois et on nous annonce que nous allons être bientôt pris par derrière. J'ai voulu depuis étudier à fond la marche de l'armée, et j'ai eu la bonne fortune de pouvoir prendre connaissance du plan même de la bataille. Je vais le donner ici sans crainte d'être démenti.

On sait que la rive gauche a été prise par le général de Cissey, commandant du 2ᵉ corps.

Le 25 mai, au matin, les troupes étaient ainsi disposées :

La 1ʳᵉ division, commandée par le général Le Vassor-Sorval, formait la droite et s'étendait de la **rue d'Ulm à Montsouris**.

La 2ᵉ division, général Susbielle, et la 5ᵉ division, général Lacretelle, formaient la gauche, et s'étendaient de la rue d'Ulm jusqu'à la Seine.

Ces deux divisions devaient prendre le Jardin des plantes, le quartier Saint-Marcel, la gare d'Orléans, la Salpêtrière, s'emparer des ponts d'Austerlitz et de Bercy, et observer la rive droite. Leur mouvement se fit. avec une régularité parfaite, et le soir, vers six heures, elles occupaient le boulevard de la Gare. La division Susbielle s'établissait sur le terrain conquis, et la division Lacretelle passait la Seine vers la tombée de la nuit, pour prendre en flanc les forces fédérées qui défendaient la Bastille.

La 1ʳᵉ division avait un plus long trajet à parcourir.

A midi, la 1ʳᵉ brigade, général Lian, se réunit au parc Montsouris. Elle devait suivre le mur d'enceinte et occuper toutes les portes, jusqu'à la Seine.

En même temps, la 2ᵉ brigade, général Osmont, se massait derrière l'asile Sainte-Anne, pour s'avancer sur la Butte-aux-Cailles et s'emparer de tout l'espace compris entre le boulevard d'Italie (ancien boulevard des Gobelins) et le chemin de fer de ceinture.

Pour appuyer le mouvement de ces troupes, une demi-batterie de 12 avait été installée dans le jardin de l'Observatoire, et une autre demi-batterie de même calibre, avec quatre pièces de 4 et deux mitrailleuses, à Montsouris. A midi, cette artillerie ouvrit un feu violent sur les barricades de la Butte-aux-Cailles et de la place d'Italie.

La 1ʳᵉ brigade se composait des 82ᵉ, 85ᵉ régiments de marche et du 4ᵉ bataillon de chasseurs à pied. Ces troupes, ayant pour but de tourner les positions des insurgés, se mirent en marche une heure plus tôt que la 2ᵉ brigade. Le 85ᵉ et le bataillon de chasseurs s'avancent entre le chemin de fer de ceinture et les fortifications; le 82ᵉ suit une ligne parallèle sur le côté gauche du chemin de fer de ceinture. Au passage de la Bièvre, cette brigade essuie un feu très-violent et fait quelques pertes, mais elle s'avance sans hésiter, et s'empare vivement de la caserne des douaniers et de la barricade de la porte d'Italie.

De ce côté, la résistance se concentre alors sur trois points solidement fortifiés : avenue de Choisy (porte de Choisy), rue Patay (porte de Vitry) et à la voie ferrée d'Orléans. Pour enlever ces positions, il fallut un grand déploiement de forces. Les insurgés se voyant acculés à la Seine se défendaient en désespérés. Un grand nombre se firent tuer sur les épaulements de leurs barricades. A la dernière, celle du chemin de fer d'Orléans, il fallut même se servir des canons de 4 qui avaient suivi la brigade.

La gare des marchandises fut prise sans grande résistance. Le pont Napoléon, quoique vigoureusement défendu, ne put résister à l'entrain des soldats.

On le mit aussitôt en état de défense du côté de Bercy, où l'on avait à craindre un retour offensif des insurgés.

La 2e brigade, formée des 113e et 114e régiments de ligne, se mit en mouvement à deux heures. Le 113e ouvre l'attaque. Il lui faut traverser des terrains vagues, entièrement à découvert, sous les feux des fédérés. Rien ne l'arrête : une colonne franchit la Bièvre avec un sang-froid remarquable, en face de la Butte-aux-Cailles, et s'empare de ces hauteurs. Une première barricade arrête un instant son élan, mais une section d'artillerie, attachée à cette colonne, force les insurgés à se replier, et les soldats reprennent leur mouvement avec entrain.

Le passage de la Bièvre est dès ce moment moins dangereux, et l'attaque se prononce sur toute la ligne. Toutes les barricades sont enlevées. A cinq heures et demie, la place et l'avenue d'Italie étaient prises. Le 113e qui avait, sur tous ces points, porté seul le poids de la lutte, s'arrête là.

Le 114e, qui s'était tenu en réserve, continue le combat, s'empare de l'avenue de Choisy et des rues environnantes, et pousse les insurgés jusqu'à la Seine, en donnant la main à la 1re brigade. Avant la nuit, le XIIIe arrondissement était pris et l'insurrection entièrement chassée de la rive gauche.

Puisque j'ai été témoin de ces faits d'armes, je veux rendre hommage au caractère de nos soldats.

En les voyant à l'œuvre, je faisais involontairement un rapprochement entre notre jeune armée et l'armée de Paris pendant le siége prussien. Quelle différence ! La discipline avait repris toute sa vigueur et le soldat retrouvé tout son moral. Nos régiments opéraient aujourd'hui avec un ensemble, une aisance et une solidité admirables. Le plan des chefs avait été bien conçu, il n'était pas moins bien exécuté. Ce n'était plus ce gaspillage de poudre que nous reprochait M. de Bismark en novembre dernier ; nos soldats tiraient maintenant sans précipitation, selon le besoin et les circonstances. Grâce à leur bravoure bien dirigée, bien réglée, deux brigades purent, en quelques heures, conquérir un quartier d'au moins deux kilomètres carrés de surface et couvert de barricades, sans éprouver de pertes sérieuses.

Je ne connais pas le nombre des morts de l'armée dans notre arrondissement, mais je puis affirmer qu'il a été très-peu considérable. Les pertes des fédérés, au contraire, furent effrayantes : mal commandés et presque tous en état d'ivresse, selon leur habitude, ces malheureux ne faisaient qu'une défense stupide dès qu'ils n'étaient pas couverts par leurs barricades. Leurs amis de la presse anglaise ont pris de là occasion pour accuser notre brave armée de sauvagerie. Cette accusation n'est pas fondée. La vue des cadavres des Pères dominicains et le spectacle effrayant des incendies qu'on apercevait au loin avaient exaspéré les soldats. Ils frappèrent d'autant plus fort, mais ils n'outre-passèrent pas les lois de la guerre : leurs officiers ne l'auraient pas permis.

Je puis même affirmer qu'ils usèrent souvent d'indulgence. M. de Kergariou, capitaine des éclaireurs du 82e, est blessé sur l'avenue d'Italie. Ses soldats, qui l'aiment comme un père, veulent le venger sur tout insurgé qui leur tombe sous la main. Ils me trouvent entouré de huit fédérés qui, je le sais, avaient été enrôlés de force dans les bataillons de la Commune, et bondissent sur eux comme des lions. Je m'interpose, et quelques paroles suffisent pour sauver ces malheureux.

A la rue Jeanne-d'Arc, une cinquantaine d'hommes de la Commune sont sur le point d'être pris derrière une barricade. L'officier qui les commande va trouver l'officier français qui dirige l'attaque.

— Je suis votre prisonnier, lui dit-il, faites de moi ce que vous voudrez, mais épargnez mes hommes : ce sont des pères de famille.

—Donnez-moi votre épée, lui est-il répondu, dites à vos hommes de laisser là leur fusil, et sauvez-vous vite.

Les Anglais ont-ils jamais été si humains envers des révoltés. Les Indiens pourraient nous le dire.

Les troupes françaises se montrèrent braves et non barbares. Notre quartier n'a pas à leur reprocher des exécutions injustes, mais à les remercier de l'avoir préservé de ruines immenses. Les pétroleurs de la Commune voulaient incendier nos maisons : par sa marche rapide, l'armée ne leur en laissa pas le temps.

XI

Voyons maintenant la Commune dans sa défaite.

Lorsque les bataillons français eurent emporté, vers cinq heure , les approches de l'avenue d'Italie, il fut évident qu'on ne pouvait plus les arrêter. Le devoir des chefs de l'insurrection était de diriger la retraite et de sauver ainsi le plus d'hommes possible.

Mais ces gens-là avaient des préoccupations plus personnelles. Meillet et Chardon disparurent on ne sait où. Cerisier devait bientôt imiter leur lâcheté, mais il avait encore soif du sang des prison-

niers. Il quitte ses bataillons et se transporte au greffe. Il trouve là
M. Bertrand, sous-censeur du collége d'Arcueil. Il le reconnaît et
l'apostrophe en ces termes : .

— Comment, vieux réactionnaire, vieux sergent de ville, gendarme, vous n'êtes pas encore fusillé?

— Pas encore! Et pourquoi voulez-vous me faire fusiller? Je n'ai
jamais été ni gendarme, ni sergent de ville ; quant à être réactionnaire, je vous répondrai que mes opinions sont celles d'un honnête
homme et d'un ami de la liberté.

— Nous verrons ça!

Mais Cerisier est trop pressé pour s'occuper d'un seul. Il
demande la liste des prisonniers, fait ouvrir les salles et appelle
les noms. Les détenus se présentent ainsi successivement. Cerisier
leur demande le motif de leur arrestation et, sur leur réponse, il
met les uns en liberté et ordonne aux autres de rentrer dans
la prison.

Ces derniers sont destinés au sacrifice. Parmi eux figurent trois
femmes de sergents de ville. Comme il fait ce beau triage, on vient
l'avertir que « les Versailleux sont dans l'avenue » et que la prison
va être cernée. Il pâlit, met les listes dans sa poche et se dirige vers
la porte de sortie. Un de ses gardes, qui était à ses côtés, attendant
probablement l'ordre de faire office de bourreau, ne le perd
pas de vue. En le voyant s'éloigner il lui crie : « Ah! lâche, vous
nous avez mis dans le danger, et maintenant vous ne songez qu'à
vous sauver vous-même?... » Il le tenait déjà en joue. Cerisier se
retourne, fait de la main un geste qui veut dire : Chut! je vais voir
comment nous tirer d'ici ; puis il reprend la fuite, traverse rapide-
ment l'avenue d'Italie, et disparaît dans une maison. On ne le revit
plus. Quelques instants plus tard, l'armée régulière envahissait la
prison, et les détenus recouvraient la liberté[1].

Les bataillons fédérés perdirent toute confiance en perdant leurs
chefs. De la Butte-aux-Cailles ils se répandirent dans un désordre
affreux sur l'avenue d'Italie.

Bientôt les balles viennent les y atteindre et mettent le comble
à la confusion. Tous ceux qui ont des parents ou des connais-
sances dans le quartier s'esquivent comme ils peuvent et vont
leur demander un asile. On en voit disparaître partout où se
trouve une porte ouverte ; leurs rangs se dissipent comme la
fumée. L'armée fera là une chasse abondante le lendemain. Les
étrangers et les repris de justice qui ne savent où aller restent
presque seuls à leur poste. Je suis avec eux à la barricade où l'on

---

[1] Ces renseignements m'ont été donnés par M. Bertrand qui avait tout vu.

m'a placé. Cependant la fusillade se rapproche et nous apercevons un nuage de fumée blanche à la porte d'Italie. C'est un détachement de l'armée régulière (brigade Lian) qui va couper la retraite. « En marche sur Bercy ! » crie un officier. Un garde prend au plus vite deux loques rouges qui flottaient sur la barricade, et nous partons.

On me place dans un groupe qui doit me fusiller si je tente de me sauver. « Marche droit, me dit un lieutenant, ou je te loge une balle dans le dos. »

Je cherche à lier conversation avec mes voisins, mais d'abord je ne suis pas heureux. La plupart me répondent par des menaces ou des insultes ; les autres sont des timides qui ont peur, sans doute, de se compromettre en me parlant et gardent le silence. Peut-être aussi ils ne me comprennent pas : parmi ces hordes il y avait tant d'étrangers ! Enfin je découvre une figure honnête ; elle produisait un étrange effet au milieu de ces visages sinistres.

— Eh bien, lui dis-je, on nous mène à Bercy ?

— Oui, monsieur, mais vous, qui êtes-vous et comment vous trouvez-vous ici ?

— Je suis vicaire de l'église que nous voyons en face. J'ai été pris ce matin chez moi par les bataillons qui descendaient de Bicêtre.

— Votre place n'est pas ici, croyez bien que je vous plains.

— Merci. Tâchez donc de me sauver.

— Rapportez-vous-en à moi. Il faut, pour réussir, que je vous insulte, ne vous étonnez de rien.

— Faites, je vous comprends.

Il me dit alors, en élevant la voix, des choses qui firent plaisir à mon escorte. Mais cet homme souffrait horriblement de se voir associé à des malfaiteurs et obligé de les commander (il était capitaine au 101ᵉ bataillon). Il laissa de côté les insultes pour me confier sa peine :

— Voyez où vous me trouvez ! J'ai horreur et honte de ce qui se passe. Je déteste le désordre et la violence. J'ai été bien élevé, je suis et je mourrai chrétien. Je n'ai contre moi que mes opinions politiques. Mais une fatalité pèse sur moi et je ne puis m'y soustraire. J'irai jusqu'au bout !

M. Deslosse appartenait à une honorable famille. Puissent ces paroles être pour elle une consolation.

Hélas ! pour lui, le bout n'était pas loin !

Nous arrivions à une barricade située à l'intersection de la rue Baudricourt et de l'avenue d'Ivry. Les pelotons qui avaient fusillé les Pères d'Arcueil nous y attendaient. Ils traînaient avec eux un charmant jeune homme dont ils faisaient leur jouet en attendant de l'assassiner.

Ils me le présentèrent en me disant : « Voici votre élève qui vous demande. »

Je pense qu'ils me prenaient pour M. Grancolas, qui leur était échappé, ou bien pour un autre professeur d'Arcueil.

J'allai serrer la main de cet infortuné.

— D'où êtes-vous, qui êtes-vous? lui demandai-je.

— Je fais partie du personnel du collége d'Arcueil, et je suis prisonnier de la garde nationale. Nos Pères, vous le savez peut-être.....

Il n'eut pas le temps d'en dire davantage. Derrière nous, des soldats de la Commune armaient leurs fusils pour nous massacrer. Mon capitaine avait vu leur mouvement, et se précipitait entre eux et nous : « Misérables, s'écria-t-il, vous savez que nous manquons de médecins pour nos ambulances. Celle-ci entre autres n'en a pas. (Sur la maison que nous avions en face flottait le drapeau de la convention de Genève.) J'y mène ce citoyen qui est chirurgien, et vous voulez l'assassiner?... Suivez-moi, » me dit-il.

Il se dirige d'abord vers ce même officier à cheval qui m'avait envoyé aux barricades et que je retrouvais là avec les mêmes scélérats, lui dit quelques mots que je n'entends pas et m'introduit dans l'ambulance. Il m'annonce comme médecin, prend du papier et écrit l'ordre que voici :

« Par ordre du commandant du 98ᵉ, le citoyen que je mène est chargé, en qualité de médecin-chirurgien, de la direction de l'ambulance. Ordre de lui obéir et défense de laisser toucher à sa personne. »

« Signé : P. Desfosse,
« Capit. de la 2ᵉ compagnie de guerre
au 101ᵉ bataillon. »

Je m'emparai vivement de cet écrit qui devait m'être cher à tant de titres. Je savais maintenant qui étaient ces deux hommes qui s'étaient concertés pour me sauver la vie. Je n'avais pas encore le nom du commandant, mais il m'a été facile de le savoir plus tard. Ce commandant était d'Ivry et s'appelait M. Bénon.

M. Desfosse me serra la main avec un tressaillement qui sentait le désespoir. Il était heureux de m'avoir arraché des mains de ces bandits, mais il semblait voir ce qu'il appelait « la fatalité » le presser de plus près. Le contact de sa main me remua jusqu'au fond de l'âme et me fit retrouver ma sensibilité. J'aurais voulu le retenir, car je craignais plus pour lui que je n'avais craint pour moi.

— Donnez-moi votre fusil, me dit-il, vous ne l'avez que trop porté.

— Oui, le voilà! Mais vous, où allez-vous?

— Je marche, il le faut. Au revoir, s'il y a un revoir pour moi!

Et il me quitta avec précipitation, comme s'il se défiait de son courage. J'aurais alors voulu le suivre. Ce que j'éprouvais, ce que je pressentais, je ne puis pas le dire!

Cependant les éclaireurs du 82ᵉ s'avançaient sur nous au pas de course. Comme M. Desfosse reparaissait à la tête de sa compagnie, une de leurs balles le frappa en pleine figure et l'étendit raide mort. A son tour, M. Bénon tombe un peu plus loin.

Je n'ai connu ces deux hommes qu'au service de la Commune, mais n'y avait-il pas en eux les qualités qui font les grands cœurs? Le dernier acte de leur vie a été une œuvre de justice et d'humanité. Dieu, notre juge, l'aura apprécié, j'en ai la confiance, et cet espoir est le seul adoucissement que je puisse apporter à mes regrets. M. Desfosse, on l'a vu, m'a fait lire dans son âme. Comment, avec une nature si bien douée, a-t-il pu devenir l'instrument et le complice d'une cause si détestable? Cœur droit et généreux, mais imagination ardente, il se sera sans doute, comme tant d'autres, affilié de bonne heure aux sociétés secrètes qui l'auront ensuite fait marcher comme un esclave. C'est le sort qu'elles réservent à leurs dupes. Il en est de ces sociétés comme de l'enfer de Dante : ceux qui y entrent doivent laisser à la porte toutes les espérances; leur avenir ne leur appartient plus!

Quelques hommes furent atteints en même temps que M. Desfosse, et un grand nombre d'insurgés prirent vivement la fuite. Mais comme la barricade était fortement défendue par des canons et des mitrailleuses, les plus déterminés y restèrent. Ils attendaient l'ennemi en face, du côté des boulevards, il arriva subitement sur leur flanc gauche et par derrière. Les fédérés firent précipitamment une décharge et se sauvèrent au galop. Pas assez vite cependant. Les soldats de la ligne escaladèrent la barricade avec une impétuosité effrayante et firent un feu de peloton sur la rue Baudricourt. Peu d'instants après, nous relevions là plus de cent cadavres, parmi lesquels nous ne trouvions qu'un seul soldat régulier. Un pareil résultat se produisit à la place Nationale, mais ce fut la fin. Les autres barricades furent livrées presque sans résistance; la Commune manquait de combattants. L'armée put marcher dès lors sans coup férir jusqu'à la Seine. Les insurgés avaient compté sur leurs barricades; ils les avaient trop multipliées. Les passages qu'ils y avaient pratiqués suffisaient à peine aux piétons, et l'artillerie, qui, du reste, n'avait presque pas tiré depuis les premières débandades, dut être abandonnée. La dernière défaite de l'insurrection sur la rive gauche fut une défaite honteuse et un anéantissement. On a estimé à deux mille le nombre des fédérés qui purent passer la Seine. Il est difficile d'en savoir le chiffre exact, mais on peut affirmer qu'il fut très-peu considérable.

XII

La pensée du jeune homme que j'avais laissé à la barricade ne m'avait pas quitté. Mais qu'était-il devenu? Personne ne pouvait me le dire. Son cadavre n'était pas parmi ceux que nous avions relevés, et je conservais quelque espoir.

Dès que les portes de Paris s'ouvrirent, je courus à Arcueil. Les morts, au nombre de douze, y avaient été transportés; les vivants étaient rentrés au nombre de sept. Seul, M. Petit, employé à l'économat, n'avait pas reparu. Comment était-il?

Au portrait qu'on m'en fit, je reconnus, à n'en pas douter, mon compagnon d'un instant à la barricade. Connaissant bien le quartier, je pouvais retrouver sa trace, et je me mis à faire des recherches. Hélas! j'acquis ainsi la certitude d'un treizième assassinat.

Au moment où les troupes de Versailles envahissaient l'avenue d'Italie, un jeune homme s'échappait d'entre les mains des insurgés sur l'avenue d'Ivry et se dirigeait, en courant, par l'avenue de Choisy et la rue Toussaint-Féron, vers les lignes de l'armée. Encore quelques pas et il était sauvé. Mais, pour se soustraire probablement à quelque danger, il pénétra au numéro 8 de cette dernière rue. Fut-il repoussé par les locataires ou bien craignait-il d'être découvert? Je ne saurais le dire. Ce qui est certain, c'est qu'il en sortit presque aussitôt, traversa la rue et disparut au numéro 7.

Bien accueilli ici par l'honorable propriétaire de la maison, nommé comme lui M. Petit, il se fit connaître et put d'abord se croire en sûreté. On lui donna des habits de garde national, espérant qu'à la faveur de ce déguisement il ne serait pas reconnu. Deux fédérés des compagnies sédentaires viennent faire des perquisitions, mais ce sont des hommes honnêtes : au lieu de réclamer M. Petit, ils se retirent en recommandant de le bien cacher. Mais bientôt des cris menaçants et dénonciateurs se font entendre dans la rue; comme toujours, ce sont principalement des femmes qui les poussent.

Une bande d'insurgés arrive. Les uns se postent aux issues, les autres se font ouvrir la porte et somment les locataires de leur livrer leur victime, faute de quoi ils vont mettre le feu à la maison. On ne répond pas à ces menaces, mais M. Petit se dévoue. Il ne veut pas, dit-il, que d'autres souffrent à cause de lui, et il se remet lui-même entre les mains de ses bourreaux, qui l'entraînent sur la voie publique. Qu'arriva-t-il ensuite? Nous trouvons ici deux versions contradictoires. Au dire des uns, M. Petit fut massacré sur place; d'après les autres, il aurait été armé d'un fusil et mené à une barricade qui fermait la rue Toussaint-Féron, du côté de l'avenue de Choisy. Il y serait resté jusqu'à l'arrivée des troupes. En les voyant paraître, quelqu'un se serait écrié : « Sauve qui peut! » et M. Petit aurait disparu, soit par une fuite isolée, soit avec ses gardiens dont il n'aurait pu tromper la surveillance.

Le fait même de la mort de M. Petit resta donc d'abord douteux, et pendant plusieurs jours nous nous berçâmes d'espérances. Mais, hélas! aujourd'hui, il n'est que trop certain. Près de deux mois se sont écoulés depuis ces tristes événements, et M. Petit n'a pas donné de ses nouvelles. Madame Petit, qui l'avait reçu dans sa maison, vient de nous apprendre, d'autre part, que le 26 mai, étant allée le chercher parmi les morts qu'on avait réunis à la mairie, elle le reconnut sur une voiture qui transportait des cadavres au cimetière. Nous devons le compter au nombre des victimes.

Ce sont donc treize martyrs que la naissante maison d'Arcueil a donnés à la cause de la foi et de l'ordre public. La France pourrait-elle l'oublier? Un lien sacré la rattache désormais au collége Albert-le-Grand.

Quant à nous, puisqu'il a fallu tant de sang innocent pour expier nos fautes, que les vénérables Pères d'Arcueil nous permettent de le dire, il ne nous déplaît pas que Dieu ait prélevé chez eux un si large tribut. Plus les victimes sont innocentes, plus leur offrande a de valeur. Et, d'ailleurs, elles ne sont pas entièrement mortes pour eux. Si le P. Captier et ses collègues ne dirigent pas leur école sur la terre, ils la protégeront du haut du ciel, et leurs restes vénérés, en reposant à l'ombre de leur maison, seront un enseignement éloquent pour les maîtres et pour les élèves. A chacun ils montreront le devoir et le mérite du sacrifice. Oui, ces morts parleront encore, et parce qu'ils ont donné leur vie « pour le bon Dieu, » ils verront une nombreuse postérité.

Pour nous tous, le sang de ces martyrs est une semence de vertus et de vie. Donnons-leur des regrets, mais soyons heureux de leur gloire et profitons de leurs leçons et de leurs mérites.

PARIS. — IMP. SIMON RAÇON ET COMP., RUE D'ERFURTH, 1.